Construimos con piedra

por Michael A. Auster

Consultant: Kurt Pearson, Plant Superintendent, Mankato-Kasota Stone

Libros
sombrilla
amarilla

para lectores principiantes

Libros sombrilla amarilla are published by Red Brick Learning
7825 Telegraph Road, Bloomington, Minnesota 55438
http://www.redbricklearning.com

Editorial Director: Mary Lindeen
Senior Editor: Hollie J. Endres
Senior Designer: Gene Bentdahl
Photo Researcher: Signature Design
Developer: Raindrop Publishing
Consultant: Kurt Pearson, Plant Superintendent, Mankato-Kasota Stone
Conversion Assistants: Katy Kudela, Mary Bode

Library of Congress Cataloging-in-Publication Data
Auster, Michael A.
  Construimos con piedra / by Michael A. Auster.
    p. cm.
  ISBN 13: 978-0-7368-7332-1 (hardcover)
  ISBN 10: 0-7368-7332-5 (hardcover)
  ISBN 13: 978-0-7368-7430-4 (softcover pbk.)
  ISBN 10: 0-7368-7430-5 (softcover pbk.)
  1. Stone—Juvenile literature. I. Title.
  TA426.A98 2005
  620.1'32—dc22

                                        2005015738

Adapted Translation: Gloria Ramos
Spanish Language Consultant: Anita Constantino

Photo Credits:
Cover: Corbis; Title Page: Patrick Ward/Corbis; Page 2: Jonathan Blair/Corbis; Page 3:
Corbis; Page 4: Dave G. Houser/Corbis; Page 5: Kathy Willens/AP/Wide World Photos;
Page 6: Corel; Page 7: Joseph Sohm; ChromoSohm/Corbis; Page 8: Tom Strattman/AP/Wide
World Photos; Page 9: Corbis; Page 10: John Turner/Corbis; Page 11: Ralph A. Clevenger/
Corbis; Page 12: Bryce Flynn/ZUMA Press; Page 13: Jeffrey Blackman/Index Stock Imagery;
Page 14: Greg Epperson/Index Stock Imagery

1 2 3 4 5 6 11 10 09 08 07 06

Contenido

Empieza con piedra

Esto es una **cantera**. ¿Qué pasa aquí?
Los trabajadores empiezan cortando la
roca. Entonces sacan un pedazo pesado de
piedra. Otros trabajadores alisan la piedra.
Se aseguran de que no tenga grietas.

Esta piedra se necesita en una ciudad lejana. Será parte de un nuevo edificio grande. ¿Dónde más puedes encontrar piedra? Es posible que estés sorprendido.

Paredes fuertes de piedra

En todas partes del mundo se encuentran edificios importantes que tienen paredes hechas de piedra. Las paredes hechas de piedra son fuertes y duran mucho tiempo. Estas paredes también pueden ser bellas.

Este es el Empire State Building que se encuentra en la ciudad de Nueva York. Hasta hacen 30 años era el edificio más alto del mundo. Se usaron toneladas y toneladas de **piedra caliza** para hacer sus paredes.

¿Por qué es la Casa Blanca blanca? No es porque su usó piedra blanca para construirla. Se usó **piedra arenisca** de color gris, que vino de una cantera cercana, para construirla. La piedra arenisca se puede agrietar si no se protege de la lluvia y la nieve. Se usó pintura blanca para proteger la piedra. A todos les gustó cómo se veía, así que el edificio se quedó blanco.

El **mármol** es otra piedra que se usa para construir edificios. Es muy liso y a veces se usa para crear paredes y bellos suelos dentro de un edificio.

Otras maneras de construir

Hasta los pedacitos pequeños de piedra se usan en la construcción. Hace tiempo, se inventó una clase de pegamento llamado **mortero**. El mortero se hace de cal, arena, agua y **cemento**. Cuando el mortero se seca, mantiene las cosas pegadas.

Los piedras pequeñas se llaman **gravilla**.
Usamos mucha gravilla cada año, en
algunas canteras machacan piedras
grandes para hacer más gravilla. Se usa
una gran cantidad de esta gravilla en la
construcción de carreteras.

¿Qué tienes si mezclas cemento, gravilla y arena? ¡**Concreto**! Cuando el concreto se seca es muy fuerte. Se usa para hacer los **cimientos** de edificios. Hasta los edificios más altos tienen cimientos de concreto.

El concreto se usa de diferentes maneras, también. Está en todas partes. Los suelos, los soportes de puentes, las aceras y los escalones, todo se hace de concreto. ¡El concreto puede durar años y años!

Más sorpresas

¿Puedes creer que el vidrio también está hecho de piedra? Se derrite arena para hacer vidrio. La arena está hecha de pedacitos muy pequeños de piedra. Hoy en día templamos el vidrio para endurecerlo y hacerlo más difícil de quebrar.

Los ladrillos se hacen de barro. ¿Sabías
que el barro está hecho de pedacitos muy
pequeños de piedra mezclados con agua?
Este trabajador está construyendo con piedra.

Buscando piedra

Hay muchas clases de piedra y muchas maneras en que se puede usar. Por miles de años, la gente ha estado usando la piedra en la construcción. ¿Dónde puedes encontrar cosas que se han hecho de piedra?

Glosario

cantera un lugar con muchas rocas, donde los trabajadores cortan y sacan grandes pedazos de roca

cemento una mezcla pegajosa de piedra caliza molida, agua y cenizas que se endurece y mantiene cosas pegadas

cimiento una base sólida en que se construye un edificio

concreto una mezcla de cemento, piedras pequeñas y arena que se usa como material de construcción

mármol una clase de piedra que se puede pulir; puede tener muchos colores y patrones

piedra arenisca piedra formada por granos parecidos a la arena; se puede molir para conseguir arena que se usa para hacer vidrio

piedra caliza una clase de piedra que se usa para construir paredes, o se muele para hacer cemento; casi siempre es gris o de color claro

Índice

Word Count: 446
Guided Reading Level: M